美育实践丛书

# 美育实践活动手册
## 第三册

深圳市龙华区民治中学教育集团　编

暨南大学出版社
JINAN UNIVERSITY PRESS

中国·广州

**图书在版编目（CIP）数据**

美育实践活动手册. 第三册 / 深圳市龙华区民治中学教育集团编. -- 广州 ： 暨南大学出版社，2024.11.
（美育实践丛书）. -- ISBN 978-7-5668-4049-3

Ⅰ. G624.703

中国国家版本馆 CIP 数据核字第 202425J39D 号

美育实践活动手册（第三册）

MEIYU SHIJIAN HUODONG SHOUCE（DI-SAN CE）

编　者：深圳市龙华区民治中学教育集团

出 版 人：阳　翼

策　　划：周玉宏　武艳飞

责任编辑：陈绪泉

责任校对：陈俞潼

责任印制：周一丹　郑玉婷

出版发行：暨南大学出版社（511434）

电　　话：总编室（8620）31105261

　　　　　营销部（8620）37331682　37331689

传　　真：（8620）31105289（办公室）　37331684（营销部）

网　　址：http：//www.jnupress.com

排　　版：广州良弓广告有限公司

印　　刷：广州市金骏彩色印务有限公司

开　　本：787 mm × 1092 mm　1/16

印　　张：5.5

字　　数：117 千

版　　次：2024 年 11 月第 1 版

印　　次：2024 年 11 月第 1 次

定　　价：30.00 元

# 总　序

小小少儿郎，

背起书包上学堂。

花儿笑，

鸟儿唱，

夸我读书忙。

一首简短的儿歌，唤起我们多少美好的回忆，激起我们多少动情的联想。

在绿树成荫、花香四溢的校园里，和老师同学们一起读好书，那是多么幸福的时光。

好书是生活的伴侣，是攀登的阶梯，是前行的灯塔。

读好书，好读书，是人生一种美好的享受。

读书有三条路径，三条路径通向三重境界。

第一条，读纸面的书，读网络的书。

第二条，读社会的大书，读人生的大书。

第三条，用眼、用心、用行动，去审读，去体悟，去品鉴，去实践，去升华，去创造一本精美的人生之书。

这本书，有字无字，有声无声，有形无形，有涯无涯。它奥妙无穷，浩瀚无垠，囊括天地、宇宙、人生、过去、现在、未来，它是一本无与伦比的绝妙好书。

三条路径，三重境界，都指向美好的人生。我们提倡知行，并超越第一、二重境界，实践并飞渡第三重境界。那是一个美心、美德、美行、美我、美人、美众的大美境界。

你手中的这套"美育实践丛书"，就是引导我们进入第三重境界的新书、好书、奇妙之书。

这套"美育实践丛书"，核心是"美育"，关键是"实践"。"美育"强调"三自"：自主、自觉、自动地拥抱美；"实践"要求"三实"：扎实、踏实、真实地践行美。在实践中自我培育美感，在生活中共同参与审美，在一生中自觉实践、创造美好。通过实践，一起发现美、感知美、鉴赏美、升华美、创造美，一同达到美育活动的全新境界。

美在读书中，美在行动中，美在我们心中、手中，在我们日常的一言一行中，在我们人生不懈的追求中。美浸染着我们的生活，滋润着我们的心灵，塑造着我们的人格。实践吧！美，就是你、我、他，就是人生、社会、世界大家庭，就是人类大同，就是人类命运共同体。让我们以美为桥梁、为纽带，连接彼此，以美培元、以美润心、以美育德、以美启智，共同编织一个和谐而充满希望的明天！

2024 年 8 月

# CONTENTS

## 目 录

# 春色满园

**走进自然，沉醉春色，荡涤身心，感受生机勃发**

"盼望着，盼望着，东风来了，春天的脚步近了……"

一切都像刚睡醒的样子……这么多绚丽的颜色呼唤我们：一起踏青去！

踏青即春日郊游，也称"踏春"，一般指初春时到郊外散步游玩。踏青这种节令性的民俗活动，在我国有着悠久的历史，其源泉是远古农耕祭祀的迎春习俗。

春姑娘的脚步无处不在，走进自然，我们定能寻到一抹让自己心动的春色。

校园里

公园内

竹林间

大海边

小朋友们，你们看到过哪些惊艳的春色呢？快来一起分享吧！

春 色 · 多 样 美

| 地点 | 景物 | 特点 |
|---|---|---|
| 校园 | 三角梅 | 玫红的花瓣、淡黄的花蕊 |
|  |  |  |
|  |  |  |
|  |  |  |

叶子、小鸟、湖水、山林……
用眼睛收集每一抹绚丽的颜色后，
我有新的发现……

嫩绿

翠绿

＿＿绿

＿＿绿

春　色　·　层　次　美

同样是绿色，实则有区别。细细观察，认真填写，看谁最有创意！

＿＿＿＿绿的叶子

＿＿＿＿绿的小鸟

＿＿＿＿绿的湖水

＿＿＿＿绿的山林

一起构成了一幅＿＿＿＿＿

# 鉴赏美

鹏鹏你看！这不正是诗人苏轼笔下描绘过的春色吗？

是啊，古人尤爱春日踏青，他们常用优美的诗词记录下所见春色。让我们继续品味春色里的诗意吧！

竹外桃花三两枝，
春江水暖鸭先知。
——宋·苏轼《惠崇春江晚景》

留连戏蝶时时舞，
自在娇莺恰恰啼。
——唐·杜甫《江畔独步寻花》

等闲识得东风面，
万紫千红总是春。
——宋·朱熹《春日》

春风又绿江南岸，
明月何时照我还？
——宋·王安石《泊船瓜洲》

最是一年春好处，
绝胜烟柳满皇都。
——唐·韩愈《早春呈水部张十八员外》

看到岸边抽出新绿的柳树，你又想到了哪些古诗词呢？

看到如此春色，你还想到了哪句诗？将它写在下方空白处吧！

请你也在踏青途中拍摄一张让你惊艳的春色照片，并配上你所联想到的诗词，粘贴在这里，与同学们一起分享吧！

冰消雪融，碧水流淌，春色是＿＿＿＿＿＿＿的。

东风拂过，百花齐放，春色是＿＿＿＿＿＿＿的。

播种作物，播种希望，春色是＿＿＿＿＿＿的。

　　春色体现的不仅仅是季节的更替，更是生命的成长。"一年之计在于春"，小朋友们，让我们走进自然，拥抱春天，感受春天旺盛的生命力吧！

春色如此迷人，让我们一起制作春色影集，将它们保存下来，交换欣赏吧！

# 春色影集制作指南

影集主题可以是"空中春色""春天的绿""春色里的诗词"……主题名也是影集名，一定要用心拟定哦！

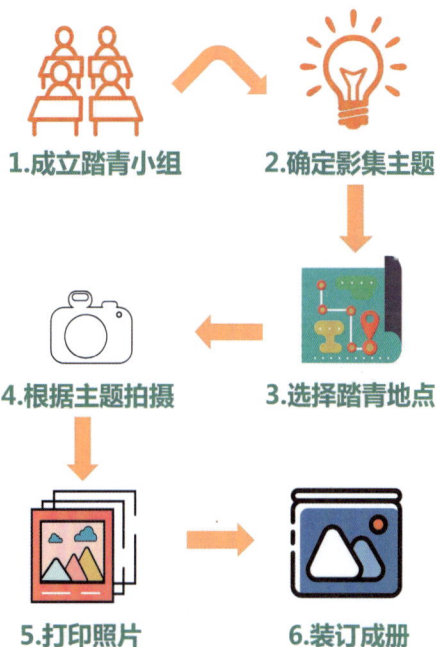

1.成立踏青小组

2.确定影集主题

3.选择踏青地点

4.根据主题拍摄

5.打印照片

6.装订成册

# 数字化美育实践基地

制作好的影集,不仅可以在班级文化墙上展示分享,还可以上传到数字化美育实践基地,与更多的人分享、交流!

## 影集展示区
（6寸大小）

影集名称

解说词

同学评价

# 秋的味道

## 浓墨重彩绘美景，秋收喜悦入画来

秋天如期而至，阳光正好，微风不躁。落叶随着秋风缓缓飘落，正是出门赏秋好时节。

秋风飘过，是什么味道吸引了你，让你停下脚步？

秋天的美有很多，
让我们来找一找。

山林里的秋天
山水相依，层林尽染

公园里的秋天
落叶缤纷，行人驻足

学校里的秋天
金风送爽，一叶知秋

古往今来，许多文人墨客
都为秋天留下动人诗句……

不愧是"诗中有
画，画中有诗"。

树树皆秋色，山山唯落晖。

——唐·王绩《野望》

秋风生渭水，落叶满长安。

——唐·贾岛《忆江上吴处士》

微阳下乔木，远色隐秋山。

——唐·马戴《落日怅望》

秋天的景色又让你想到哪首诗呢？

# 感知美

秋天的美好，
不仅来自眼前的明媚，
还有来自味蕾的享受。

哇！江西婺源的村民们都晒出了好多东西呀，小朋友们，你们找到了什么？

辣椒：鲜辣

菊花：微甘

橘子：清甜

你们的家乡还有什么味道呢？

# 鉴赏美

我爱秋天，因为秋天是一个丰收的季节。

秋风吹，稻麦熟。
勤劳作，庆丰年。

到处都是秋收的味道。

从秋收中，你感受到了什么？

锄禾日当午，汗滴禾下土。

谁知盘中餐，粒粒皆辛苦。

——唐·李绅《悯农二首（其二）》

每一粒粮食的背后都是无数农民的辛勤付出。

我们千万不能忘记勤劳耕耘的农民和刻苦钻研的专家学者。

说一说：

"杂交水稻之父"袁隆平的故事。

如果用一个词语让你形容秋天的滋味，你会用什么词呢？

自古逢秋悲寂寥。
秋天是个悲伤的季节。

丰收节，团圆日，亲朋聚。
秋天是个_____的季节。

独在异乡，落叶摇情。
秋天是个_____的季节。

秋天是美好的，是难忘的，是多姿多彩的，是有滋有味的，让我们走出门去，去寻找你的秋天代名词吧！

15

画家笔下的秋天，有着独特的美！

每个人的心中都有属于自己的秋天……

# 我的创意"秋天DIY"

步骤一：选好秋天代表物——银杏叶、枫叶

步骤二：创意设计，摆好造型

# 数字化美育实践基地

小朋友们，快点创作一幅你独创的秋天美景吧！还可以将作品上传到数字化美育实践基地哦！

作品粘贴处

| 序号 | 评价内容 | 评星 |
|:---:|:---:|:---:|
| 1 | 线条是否流畅而有韵味 | ☆☆☆☆☆ |
| 2 | 构图比例是否协调 | ☆☆☆☆☆ |
| 3 | 色彩搭配是否给人舒适感 | ☆☆☆☆☆ |

# 山岭"雕刻"

## 观梯田、赏奇观，品味劳动的史诗

红河哈尼梯田美丽如画，被称为"大地雕塑"。

红河哈尼梯田，位于云南省红河州元阳县

哈尼人的一生都与梯田缠绕在一起。哈尼人出生时，家人要举行梯田劳动仪式。在院子地上画出象征梯田的方格，如果生的是男孩，就让一个小男孩用小锄头在方格内表演挖梯田的动作；如果生的是女孩，就让一个小女孩在方格内表演摸螺蛳、捉黄鳝的动作。经过这一仪式，新生儿才能拥有自己的名字，真正成为村寨里的一员。这就是哈尼人的命名礼。

就这样一代又一代，哈尼人用1300年把千山万壑"雕刻"成片片农山，形成了规模宏大、气势磅礴的农耕文明奇观。

# 发现美

从高空俯视梯田，连绵不断，层次分明，就像雕刻在大地上的"最美等高线"。

梯田的美，既可以远望，也可以近观。

### 线条美

**云南元阳**（哈尼梯田）

梯田上部比较平缓，下部则地势陡峭，从上俯瞰，犹如巨瀑倾泻，无比壮观。

### _____美

**广西桂林**（龙脊梯田）

梯田以带状形的较多，它的高低层次较多，远近层次也很丰富。

### _____美

**贵州从江**（加榜梯田）

梯田春来水满田畴；夏至佳禾吐翠；金秋稻穗沉甸；隆冬雪兆丰年。

中国是世界上梯田面积最大的国家。除了上面的三处梯田外，还有湖南的紫鹊界梯田、江西的上堡梯田等，各具特色。

在四季更替的劳作中，梯田有不同的美；在雨雪风霜的洗礼中，梯田有不同的味！

春种

观赏不同季节的梯田，把你联想到的诗句写下来。

春种一粒粟

夏耕

秋收

冬藏

### 南方梯田
### 天空之镜

南方梯田大多是水田，常常修筑在陡坡上。

### 北方梯田
### 大地纹路

北方梯田不用灌水，修筑的地点坡度稍缓。

一方水土养一方人，南北方的自然地理条件不同，梯田也各具特色。这就是古人因地制宜的智慧。

你还知道南方梯田和北方梯田有哪些不同吗？

| 南方梯田 | 北方梯田 |
|---|---|
| 南方多雨，气候湿润，常用来种植水田作物，比如水稻…… | 北方少雨，气候相对干燥，一般用来种植旱作植物，比如小麦…… |

## 03 鉴赏美

梯田，是一种集约利用山地的耕种方式。我们的祖先根据山势和地形的变化，因地制宜，开垦出大大小小的梯田，构成了千奇百态的农耕文明奇观。这是人类创造的杰作。

梯田这么高，水是怎么上去的呢？

人往高处走，水往低处流。古人利用地势差，通过挖掘沟渠或放置竹管，将山顶的水一层层引到梯田中，保证了稻谷的发育生长和丰收。现在，国家为农民大修水利，有了蓄水量丰富的水库，梯田就更不用担心灌溉的问题了。

冬季的哈尼梯田，别有一番韵味。看，这些红色的浮萍都是冬季梯田里自然生长的，别小看它，春季到来，它可是哈尼人育秧的养料。

哈尼族先民早在 1300 多年前，就开始人工种植红米。哈尼梯田位于云南边陲，日照充足，空气清新，土壤无害，种植出来的红米营养价值高，口感松软，是大米中的极品。

世世代代的耕耘，1300 年的坚守，不仅酿就了红米的醇香，还让红河哈尼梯田被世界所熟知。2013 年 6 月 22 日，红河哈尼梯田被列入世界遗产名录，成为世界文化景观遗产。

梯田与山丘、河流、村寨互生互补，共同形成了大自然最美的一道风景线。不过，随着农业技术越来越发达，为了保护自然环境，我们不再鼓励开发梯田，但梯田依然是古老农耕文明的延续。

最美的山岭雕刻，凝结着千百年来劳动人民的农耕智慧。一座座山田，就是一部非文字写就的巨型史书，直观地展示了祖先顽强抗争、繁衍生息的漫长历史。

" 我也想说：

"

随着时代的发展，在倡导人与自然和谐发展的同时，国家也加大了对自然的保护力度。

第十二届全国人民代表大会常务委员会第八次会议于2014年4月24日修订通过《中华人民共和国环境保护法》，自2015年1月1日起施行。

# 创造美

画家笔下的梯田，有着独特的美！
你能用一个词语、一句诗来赞美吗？

# 画梯田

步骤一：勾勒梯田线条

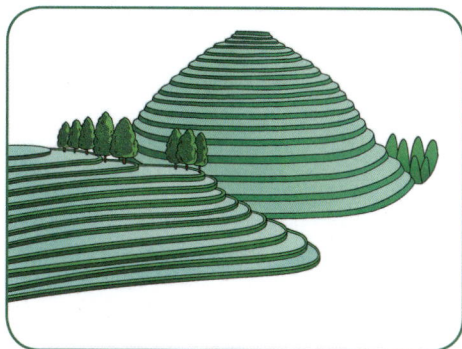

步骤二：填充梯田色彩

步骤三：调整颜色，增添画面内容

　　一张照片，一个故事，一幅彩画，都可以向世界展示我们的梯田。还可以举办展览或故事会，和同学一起分享。

# 数字化美育实践基地

说到自然保护，就不得不提到我国的"自然保护区"。

截至 2024 年，广东各类自然保护地达 1361 个，占全国自然保护地数量的七分之一。

肇庆鼎湖山自然保护区

湛江红树林自然保护区

你对广东哪个自然保护区感兴趣？来为它写一条广告宣传语吧！

# 志愿同行

**奉献、友爱、互助、进步，红红的马夹，满满的爱心**

生活中，你看见过这些身影吗？
他们就是——志愿者！

那一抹靓丽的中国红，是志愿者们忙碌的身影！他们是一群自愿从事促进社会公共利益服务工作，而不获取任何名利的活动者。

# 发现美

> 我们一起来看看，志愿者们为我们的城市做了哪些贡献吧！

垃圾分类宣传

护送考生高考

春运"暖冬"行动

协助冬奥赛事

> 用心观察，你觉得志愿者们外在形象美在哪里呢？试着写下来吧！

### 形 象 美

| 面带微笑 | 着装统一 |
|---|---|
|  |  |
|  |  |

在平凡岗位上当好螺丝钉，就是雷锋精神。

——当代雷锋：郭明义

人类文明社会中的道德美，并不似自然风景那般容易被人关注和发现，而一旦真正用心感受过，便会有一种令人难忘的共鸣和感慨，那是一种人与人之间的密切交流。让我们来聆听一下志愿先进人物们的心声吧！

要坚定信仰一辈子，服务奉献一辈子，艰苦奋斗一辈子。

——当代雷锋：孙茂芳

截至 2024 年 11 月，广东省深圳市注册志愿者突破 400 万人，位居全国前列，参与服务的志愿者超过 2000 万人次，深圳的志愿服务已形成规模效应。"赠人玫瑰，手有余香"的志愿服务理念是深圳"十大观念"之一，"来了就是深圳人，来了就做志愿者"的宣传语广为人知。

你发现身边有哪些乐于奉献的志愿者吗？试着去采访一下他们，听听他们对参与志愿活动的看法和感受。

### 志愿者采访记录单

_____

_____

中华人民共和国成立后，为了宣传社会主义新道德，树立高尚的社会风尚，政府大力开展的一系列"义务运动"都带有一定的志愿性质。如爱国卫生运动、学雷锋运动、全民义务植树运动等。

纵观新中国志愿服务走过的历程，可以分为四个阶段：

**全面发展阶段**
（2008年至今）

**体系形成阶段**
（1993年至2008年）

**初步建立阶段**
（20世纪80年代至90年代初期）

**萌芽与初创阶段**
（新中国成立至20世纪80年代）

中国志愿服务
志
China Volunteer Service

其实除了志愿活动，还有许多志愿者的故事，值得我们学习呢！

同学们，你知道中国有哪些大规模的志愿活动吗？和大家一起聊聊吧！

就让我们从雷锋和丛飞的故事讲起吧！

雷锋

一天傍晚，天下大雨，雷锋见路上一位妇女怀里抱着个小孩，身上还背着包袱，在大雨中一步一滑地走着。雷锋连忙上前打听，才知道这位大嫂探亲归来，要去十几里外的樟子沟。雷锋把自己的雨衣披在大嫂身上，抱起大嫂的孩子冒雨朝樟子沟走去，他一直走了两个多小时，才把那对母子安全送到家。

1994—2005 年的 11 年间，丛飞作为一名普通的歌手，致力于社会公益事业：义演 300 多场，将主要收入捐给贫困的失学儿童和残疾儿童；义工服务超过 6000 小时，先后资助贵州、湖南、四川等贫困山区的儿童 183 名，无私捐助失学儿童和残疾人超过 150 人，认养孤儿 37 人，捐助金额超过 300 万元。

读完他们的故事，从他们身上，你发现了什么样的精神美呢？来总结一下吧！

## 精神 美

| 无私奉献 | 助人为乐 | | |
| --- | --- | --- | --- |

随着时代变化，志愿精神也在演化发展，与时俱进。当志愿精神成为一种社会共识，志愿服务就不再只是个人的行为，而是大规模的集体行动。

2022年的冬奥会和冬残奥会中，共有20万人次参与城市志愿者服务，这就是志愿精神在新时代最好的体现！

志愿者的微笑也是冬奥赛场上最好的中国名片，这既是对2008年北京奥运会的接续传承，也是"奉献、友爱、互助、进步"志愿精神的新时代表达。他们微笑着，将邀请发向全世界：北京欢迎你！中国欢迎你！

# 创造美

## 志愿精神，促社会和谐与进步

　　我国的志愿者协会给"志愿者"的定义是：不为物质报酬，基于良知、信念和责任，自愿为社会和他人提供服务和帮助的人。

其实，志愿者一直都在我们身边！

马路上

地铁里

我也想成为一名光荣的志愿者！

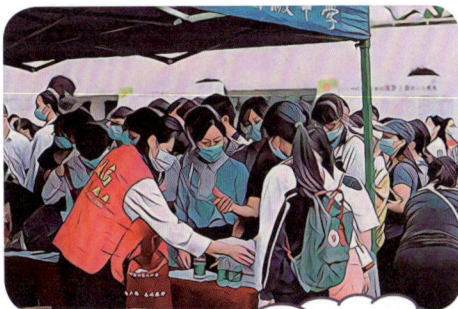

学校里

## 志愿服务记录单

活动感想：_____

我的志愿活动瞬间

_____

# 数字化美育实践基地

## 活动一：

在实践基地中，了解更多先进人物的先进事迹和志愿组织发展的历史。

i 志愿　　　　　　　https://gdjg.izyz.org

中国志愿服务网　　　https://chinavolunteer.mca.gov.cn

## 活动二：

在实践基地中，寻找并观察正在进行的志愿活动，参与志愿团队的活动。参与活动后，记录并上传到"美育实践基地"吧！

# 纸的智慧

## 饱览纸的别样韵味，纵观纸的千年智慧

鹏鹏，快看这剪纸多精美！一张纸竟能创造出这样的奇迹！

是啊！不过纸最初的功能是为了记录文字和图画，后来人们才拓宽了纸的各种用途。

人类让纸变得丰富多彩，快来和我们一起走进神奇的纸世界吧！

# 发现美

哇！这些纸艺作品也太精美了吧！

千姿百态，这是纸的艺术美。

纸雕

衍纸

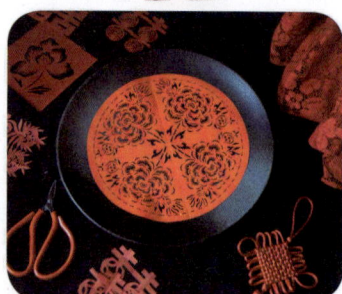

剪纸

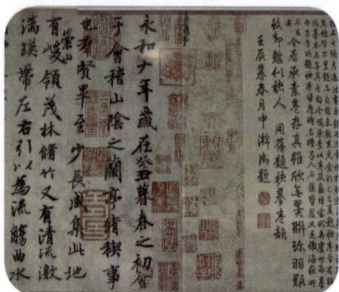

书法

山水画

纸风筝

纸的艺术美体现在哪些方面？

## 纸的艺术美

色：丰富多彩 _____

型：_____ _____

__：_____ _____

# 感知美

纸为我们的生活提供了便利，快去找找你的周围都有哪些纸吧！

还有……

你都找到了哪些纸？这些纸有什么特点？快来展示一下吧！

| 我寻找的地点是：_____，我找到了_____种纸。 | | |
|---|---|---|
| 纸的名称 | 原材料 | 特点<br>（气味、触感、颜色等） |
|  |  |  |
|  |  |  |
|  |  |  |
|  |  |  |

找到了那么多种纸，你知道纸在我们的生活中都有哪些用处吗？

制作手工艺品

书法、画画

纸的价值美

包装物品

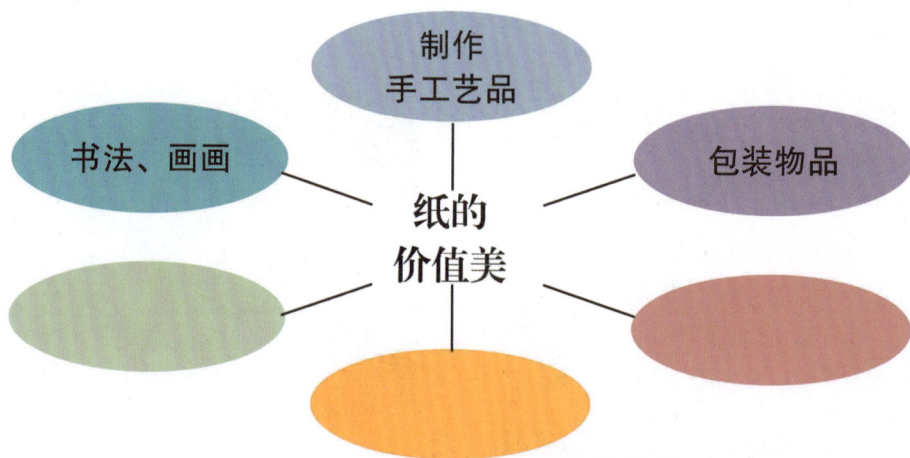

哇！原来纸的用途有这么多，给人们的生活带来了极大便利！

纸的价值美

## 可以吃的纸

糯米纸是一种可食薄膜。透明，无味，厚度为 0.020 ~ 0.025mm，入口即化，是用淀粉加工制作而成。做法是将淀粉、明胶和少量卵磷脂混合，流延成膜，经烘烤后制成。广泛应用于糖果、糕点或药品等的内层包装，以防其与外包装纸相粘，也可防潮。

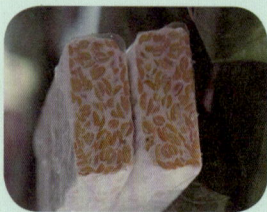

# 03

# 鉴赏美

纸作为中国古代四大发明之一，它的创造体现了古人的智慧！让我们穿越千年，去探寻纸的科技美吧！

起初，人们用龟壳及兽骨来记录文字。

最早的纸在2000多年前的西汉初期就已经出现，那时纸的原料是麻，但这种纸不仅粗糙，还不便于书写。

到了东汉时期，蔡伦在前人的基础上改进了造纸术，制成了一种既轻便又好用的纸，让纸走进了平民百姓的生活中。

经过不断改进，纸越来越细腻，越来越便于书写，成为人们生活中不可或缺的用品。

造纸技术

原材料

纸的科技美

填一填：纸在发展的过程中，得到了哪些方面的改进？

纸的出现让人类文化传承至今……

一部部经典古籍，

一本本文学著作，

一幅幅传世画作，

一条条人生哲理……

千百年来，纸将人类文化代代传承……

从最初的样子到现在的多种类型，从单一的记录功能到现在具有多种使用价值，纸不断发展的背后充分体现了人的智慧。人类用自己勇于探索和追求创新的智慧推动了社会进步。

纸艺：艺术美

纸用：价值美

纸史：科技美

→ 纸的智慧

人类的智慧不仅体现在纸的制造和使用上，我还知道这些发明也体现了人类无穷的智慧……

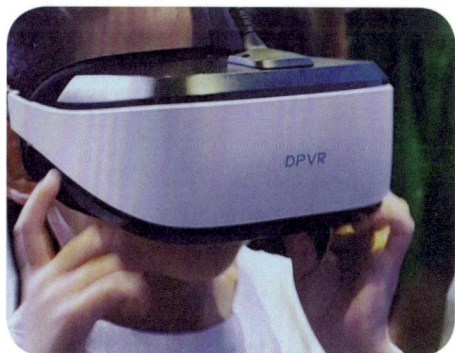

# 创造美

鹏鹏，我想学纸艺，可以教教我吗？

当然可以，我们先从简单的学起吧！

## 实践：绽放立体花

### 步骤一

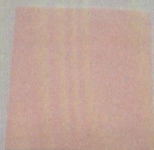

准备一张正方形的彩色纸

按照图上的方式，折成三角形

### 步骤二

将三角形一面两侧往上折

打开上面的角，折成方形

两侧都折成方形

### 步骤三

内侧两个角往上折

再把中间的角往上折

### 步骤四

背面一样的折法

左右翻面，一样的折法

折好的样子

**步骤五**

展开铺平上一步的底部

**步骤六**

翻面过来

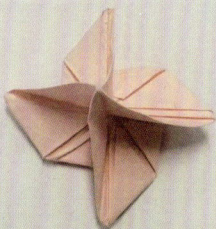

**步骤七**

底部掀开压平，顶部顺势旋转

**步骤八**

用棉棒把花瓣卷一下就好啦

作品粘贴处

# 数字化美育实践基地

为了人类的可持续发展，我们可以发明一种生态能源纸，那应该怎么准备呢？

查阅资料

咨询专家

寻求合作伙伴

设计方案

发挥你的聪明才智，动起来吧！

## 方案展示

# 移花接木

## 观察、思考、品味、探索、拓展，体会植物融合之美

又是一年赏花时节，鹏鹏和美美相约一起去深圳莲花山公园看一年一度的花展。在百花丛中，鹏鹏发现了一株神奇的植物……

这是深圳市的市花三角梅哦！

一棵植物可以开出多种颜色的花朵，是因为运用了现代植物繁殖技术——嫁接。

哇，这棵三角梅可太美了！一棵植物，却可以开出多种颜色的花朵，这是为什么呀？

人们很早就发现林中树木枝条相互摩擦损伤后，彼此贴近而连结起来的自然现象，中国古代称为"木连理"。今天让我们一起去体验嫁接之美吧！

47

嫁接，即把一株植物的枝或芽，接到另一株植物的接面上，使接在一起的两个部分长在一起，成为一棵完整的植株。

## 我会填

　生机勃勃　的绿色

＿＿＿＿＿＿的红色

＿＿＿＿＿＿的黄色

＿＿＿＿＿＿的粉色

你仔细看这些嫁接植物，它们身上怎么有好多"伤口"呢？

## 我会连

嫁接植物的"伤口"位于哪个位置？

芽

根

茎

# 我会比

观察并思考，植物嫁接的接面与普通折断的断面有何不同呢？

嫁接

折断

面积更_____(大/小)

断面更_____(粗糙/整齐)

嫁接技术的成功可全靠这些"伤口"呢！

嫁接技术的日益成熟，不仅能让植物颜色改变，也能让其造型变得更加丰富多彩，甚至让两种截然不同的植物器官长在一株植物上，产生二次元的神奇美！

造型美

神奇美

科技美

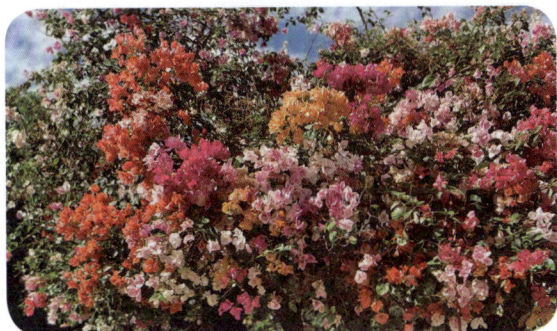

　　一位名叫 Sam Van Aken 的艺术家兼美术老师，利用嫁接技术成功将数十种硬核类植株嫁接到同一棵树上，栽培出了童话世界中才有的"百宝树"。春天的时候树上开满五颜六色的花，等到夏秋季节，它还能结出40余种不同形状、大小、颜色的果实。

鹏鹏，嫁接技术除了能让植物从外观上变美，它还有别的作用吗？

哈哈，当然有啦！它还可以改良植物的品种，让果实变得更甜美呢！

## 品种改良

苹果 + 山荆子 ➡ 结果早、产量高

## 果实甜美

桃子 + 杏子 ➡ 口感佳、味道甜

## 新旧传承美

百年老树换新枝，太原市古槐树嫁接成功！

## 植物生命美

国家一级重点保护野生植物的"活化石"珙桐，嫁接后得以存活！

## 地球共存美

人类的现代科学技术蓬勃发展的同时，与自然和谐共处！

鹏鹏，嫁接好神奇！那我可以把喜欢的植物都嫁接组合在一起吗？

## 我会创新

 +  =

苹果梨？

 +  =

桃李？

+ =

+ =

美美，嫁接植物之间必须得有"亲戚关系"才行！经过正确的选材、嫁接、养护后，植物才能存活，达到组合、优化品种的目的！

色彩美
造型美

结果早
产量高

融

合

美

# 数字化美育实践基地

身处大数据信息时代，我们可以利用数字化的便利，进一步感受嫁接的魅力哦！

1. 你生活的区域里有哪些植物是嫁接的呢？可利用大数据库查一查它们是什么品种之间的结合，并记录在下面的表格中。

| 发现地点 | 发现时间 | 嫁接植物的品种 |
| --- | --- | --- |
| 校园里 | | |
| 花园里 | | |
| 公园里 | | |
| | | |

2. 拍照记录你发现的嫁接植物，同步上传到数字化美育实践基地进行分享。

# 真像真相

## 有时候你觉得真像，但不一定是真相……

鹏鹏，前几天我观看了一场名为《真像真相》的现代舞公益演出，看完以后感触很深！你能从邀请函上破解出这是关于什么主题的演出吗？

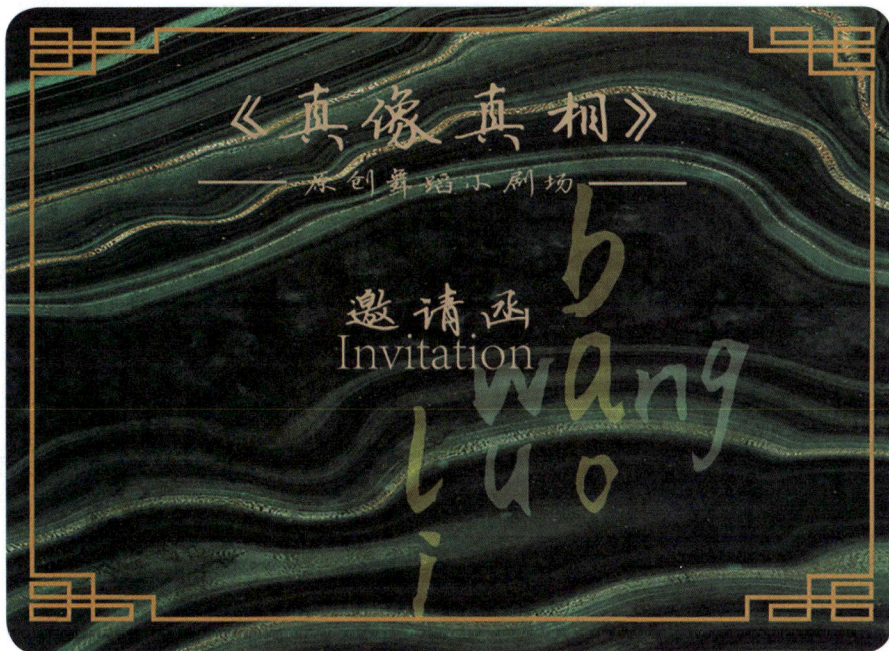

《真像真相》
——原创舞蹈小剧场——

邀请函
Invitation

b
a
wang
luo
li

美美，"wang luo bao li"，从邀请函封面的拼音拼写上来看，我猜应该是有关于网络暴力题材的舞蹈演出，对吗？我对现代舞十分感兴趣，快跟我讲讲。

哇，鹏鹏，你太聪明了！我已经迫不及待想要与你分享更多呢！

《真像真相》是一个有关于网络暴力题材的现代舞舞蹈小剧场，全长大约50分钟，一共分为序、七幕、尾声，共九段舞蹈场景，是编舞者对网络暴力这一社会现象的解读与思考。

他们的团队设计并发布了倒计时三天的海报，以此来吸引更多感兴趣的观众前来观演。

我们听到的一切都只是一个观点，不是事实；我们看到的一切都只是一个视角，不是真相。你觉得真像，但不一定是真相……

——《真像真相》

《真像真相》

原创舞蹈小剧场

领衔主演 2019级舞蹈本科生蔡文琳

演出时间 2023.07.07 16:00

演出地点 厦门大学艺术学院李未央、张治华音乐厅

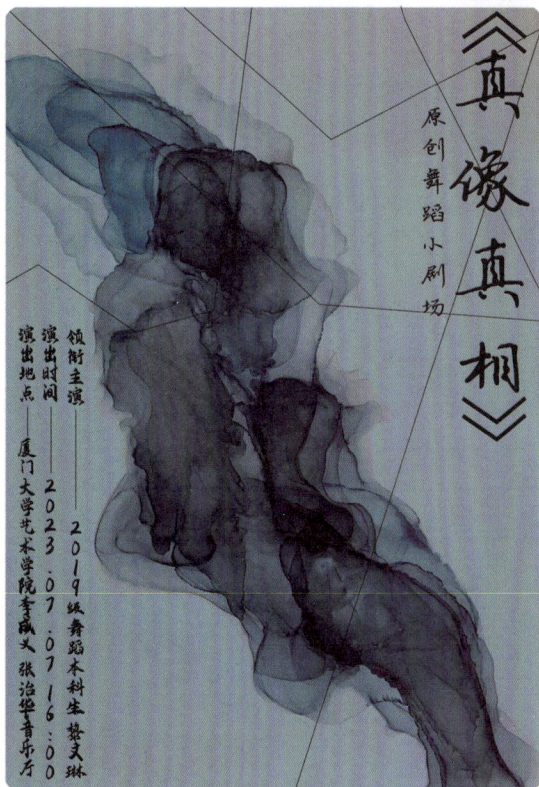

"真像真相"这个标题的命名也十分有意思，它不但简单明了地展现了这个舞蹈作品的主题和内涵，而且"真像"和"真相"有着相同的发音，押韵而又耐人寻味。

《真像真相》
原创舞蹈小剧场

节目单
wang luo

时间
2023年7月1日 16:00

地点
厦门大学艺术学院
李成义·张治华音乐厅

**节目单**

几张照片就是一个故事，
几个片段就是妄想和批判的开始。
躲在暗处的攻击没有成本、没有代价……

**序**
演员：池斯琪 刘旦予 蔡丽雯 汕嘉怡 尹苒凌子 丁铭晶

**第一幕**
演员：黎文琳 刘伟跃 池斯琪 刘旦予 蔡丽雯 汕嘉怡 尹苒凌子 丁铭晶

**第二幕**
"你看清是谁撕毁了录取通知书吗？"
"没有"
"你看清是谁撕扯你的粉色头发吗？"
"没有"
"你看清是谁撕碎了你吗？"
"……"
——他们站在道德的制高点上，圣光下，我看不清脸
演员：黎文琳 林灵萱 刘伟跃 池斯琪 刘旦予 蔡丽雯 汕嘉怡 尹苒凌子 丁铭晶

**第三幕**
人心隐藏着世界的败坏，请警惕自己内心深处的阴暗与伪善。
你以为施暴者在思考吗？不，他只是在重新整理自己的偏见。
演员：黎文琳 池斯琪 尹苒凌子

**第四幕**
演员：黎文琳 林灵萱

**第五幕**
演员：黎文琳

**第六幕**
"我躺在底下，听见外面人声鼎沸。这群人好奇怪啊，竟开始讨论起我的美好。"
演员：黎文琳 林灵萱 刘伟跃 池斯琪

**第七幕**
网络世界缤纷繁杂，信息多样并不代表全面；
人之所以言之凿凿，那是因为知道得太少了。
演员：池斯琪 刘旦予 蔡丽雯 汕嘉怡 尹苒凌子 丁铭晶

**尾声**
每个人都在愤世嫉俗，
每个人又在同流合污。
所以，
你知道什么是真相吗？
你在意哪个是真相吗？
演员：池斯琪 刘旦予 蔡丽雯 汕嘉怡 尹苒凌子 丁铭晶

我们听到的一切都只是一个观点，不是事实；
我们看到的一切都只是一个视角，不是真相。

你觉得真像，但不一定是真相…

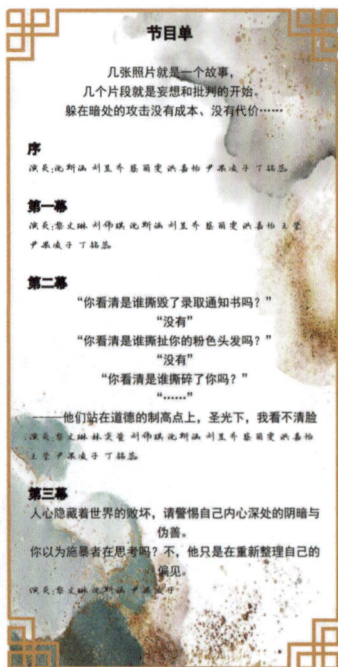

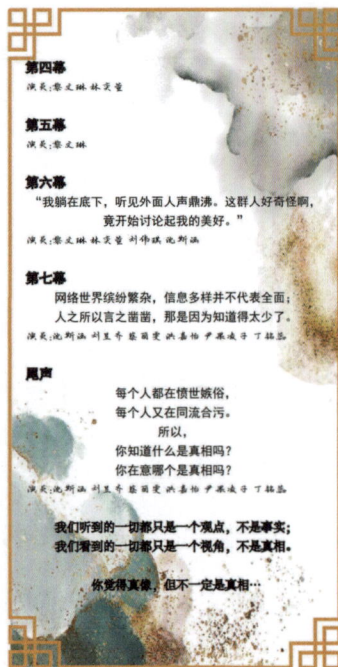

几张照片就是一个故事，几个片段就是妄想和批判的开始。躲在暗处的攻击没有成本、没有代价。施暴者总是躲在屏幕的背后，站在道德的制高点上肆意妄为。网络世界缤纷繁杂，信息多样并不代表全面，人之所以言之凿凿，那是因为知道得太少了。

"情动于中而形于言，言之不足故嗟叹之，嗟叹之不足故咏歌之，咏歌之不足，不知手之舞之，足之蹈之也。"现代舞艺术允许每个舞者用自己的身体"说话"。

喜

怒

恐惧

现代舞艺术的身体感知美，需要与生命、自然相和谐。现代舞艺术的魅力在于追求更加自由、个性的美学价值。通过舞者的肢体动作来表现情感，自由地抒发真实情感。

最自由的身体内包含着最高的智慧。

自由、自我、自信

现代舞的特征就是没有特征

所以，什么是真相？哪个是真相？现代舞的自由表达给我们带来了非常直观的感受，没有绝对的对错，只有更深入的思考……

通过舞者的肢体表达，你感受到了什么样的剧情？

发挥你的想象力，尽情地和小伙伴们开展讨论和交流吧！

10月2日是国际非暴力日，面对暴力，我们要勇敢说"不"，每个人都值得被保护。

INTERNATIONAL DAY OF
NON-VIOLENCE
OCTOBER 2

现代舞通过肢体的自由表达，帮助舞者宣泄心中的情绪，也引发观众深入的思考。

65

请同学们以"抵制校园暴力"为主题，用现代舞的元素表达你的见解与思考。

# 舞蹈小剧场展示栏

# 数字化美育实践基地

《真像真相》

原创舞蹈小剧场《真像真相》

扫描二维码，了解一下吧！

观后感投递箱

# 墨香致远

## 赏千年书法之神韵，悟横撇竖捺之风骨

> 鹏鹏，听说张旭是酒罐里的书法家，是真的吗？

张旭，字伯高，唐代书法家。

张旭的书法造诣极高，被人称为"草圣"。因他常喝得大醉，呼叫狂走，落笔成书，甚至以头发蘸墨书写，故又有"张颠"的雅称。张旭认为日常生活中所接触到的事物，都能启发写字。偶有所获，即熔铸于自己的书法中。他把自己满腔的感情都倾注于点画之间，旁若无人，如痴如醉，如癫如狂。

《古诗四帖》是其代表作之一，既有书法的艺术美，又有诗歌的意境美，诗书融为一体，令人陶醉。

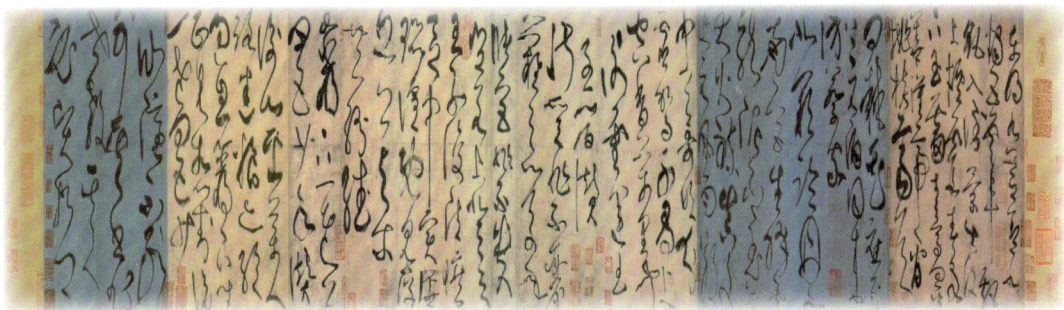

张旭《古诗四帖》局部

> 美美，中华书法源远流长，它是美的化身，是"无言的诗、无形的舞、无图的画，无声的乐"。

书法讲究"形神兼备"，每一种字体都有独特的美。

篆书

圆融平正
行笔圆转

李斯《峄山刻石》局部

隶书

波磔之美
珠圆玉润

东汉《曹全碑》局部

楷书

平顺和畅
棱角分明

柳公权《玄秘塔碑》局部

## 行书

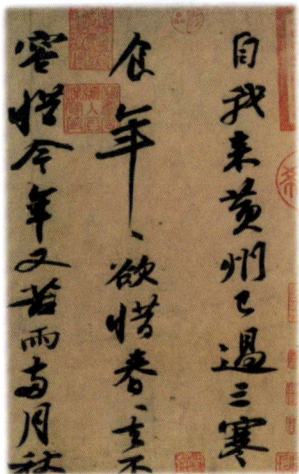

牵丝附钩
行云流水

苏轼《黄州寒食诗帖》局部

## 草书

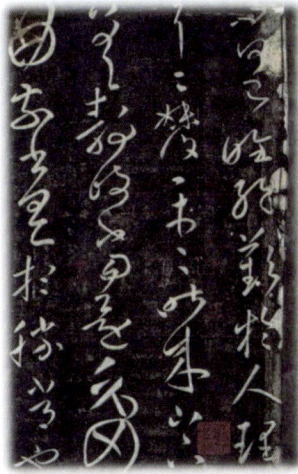

运转龙蛇
一气呵成

王献之《草书九帖》局部

看了上面的书法作品，同学们感受到书法的特点了吗？

## 形态美

| 篆书 | 隶书 | 楷书 | 行书 | 草书 |
| --- | --- | --- | --- | --- |
| 因形立意 | 方圆结合 | 笔画分明 | 舒展有型 | 龙飞凤舞 |
| | | | | |

你看，书法的点画线条具有无限的表现力！

## 阳刚

线条遒劲，才显得生机勃勃。

## 阴柔

线条曲润，有恬静柔和之美。

好的书法要有立体感、力量感和节奏感！同学们感受到了吗？

中锋运笔，点画饱满
"＿＿＿＿＿＿＿"

力透纸背，万豪齐力
"＿＿＿＿＿＿＿＿"

王羲之《行穰帖》局部

王羲之《平安帖》局部

点画变化，有浓有淡
"＿＿＿＿＿＿＿＿"

苏轼《黄州寒食诗帖》局部

同学们，这个字你熟悉吗？你在哪里见过呢？

康熙御笔"福"字碑现存于北京恭王府，被誉为"天下第一福"，这个"福"字在写法上暗含"子、田、才、寿、福"五个字形，寓意"多子、多田、多才、多寿、多福"，是世界上唯一的"五福合一""福寿合一"的"福"字。

一个"福"字，承载了中国百姓最朴素的生活理想，这是书法的"意境美"。

正所谓"字如其人"，什么样的人，就写什么样的字。学中国书法就是学做人。

忠贞而悲愤之人，字迹振奋有力。

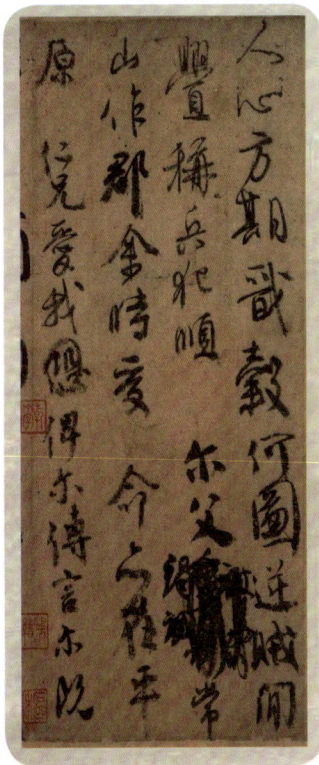

颜真卿，字清臣，唐代名臣、书法家。他一生为人刚正不阿，忠厚耿直，在"安史之乱"初期为遏制叛军发挥过重要作用。然而他一生忠贞报国，最后却惨死于叛军之手。

《祭侄文稿》是他悲愤交加、情不自禁之下一气呵成所作，此幅字凝重峻涩，气势遒劲，通篇波澜起伏，时而沉郁痛楚，声泪俱下；时而低回掩抑，痛彻心扉，堪称动人心魄的悲愤之作。

颜真卿《祭侄文稿》局部

颜真卿悲愤正义，其书法铿锵有力；王羲之性格清爽，他的字潇洒俊秀。历史上的文人墨客都在横竖撇捺中彰显了书者的做人之道。

中华书法博大精深，作为华夏儿女，更要读懂其中之精妙。

想走进书法，可以尝试着用"识形""赏字""寄情"三步法去欣赏它哦！

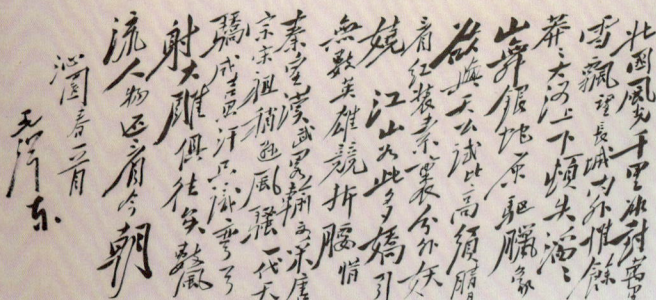

毛泽东《沁园春·雪》

**识形**　这幅作品是毛泽东的《沁园春·雪》属于＿＿＿＿＿字体，它给我一种＿＿＿＿＿＿＿之感。

**赏字**　它的字与字之间笔势连绵，气脉相通，具备＿＿＿感、＿＿＿感、＿＿＿感。

**寄情**　这首词是毛泽东于1936年2月所作，整首词霸气外露，彰显着雄才大略，让人不由得沉醉于这磅礴气势之中。

# 数字化美育实践基地

选择一幅你喜欢的书法作品,进行线上赏析,将它上传到"美育实践基地",这样就可以和你的小伙伴在线分享啦!

我选择的书法作品是:

我的解说词:

可以用上前面学过的知识哦!

| 序号 | 评价内容 | 评星 |
|------|----------|------|
| 1 | 语言是否表达流畅 | ☆☆☆☆☆ |
| 2 | 是否提到了作品的特点 | ☆☆☆☆☆ |
| 3 | 是否对字形结构有所把握 | ☆☆☆☆☆ |

# 后 记

在深圳市龙华区民治中学教育集团党委的引领下，这套"美育实践丛书"得以呈现，我们倍感自豪。本项目得益于广东省委宣传部原副部长顾作义先生和广西教育出版社原总编辑李人凡老师的悉心指导，凝聚了民治中学教育集团教师团队的智慧与汗水。项目始于2021年初，完成于2024年，旨在通过美育实践，培育学生的审美情感与创造力，实现以美育人、以美化人的目标。

在深圳市教育科学研究院的批准下，在深圳市龙华区教育局和教育科学研究院的指导和支持下，我们组建了以莫怀荣书记、校长为主持人的课题组，负责课程体系的构建与课程内容的开发研究。其中，莫校长负责全面统筹项目，张德芝校长和徐莉莉副校长负责人文美板块，戴蓉校长和辜珠元老师负责艺术美板块，何星校长和陈妍老师负责自然美板块，吴朝朋老师负责科技美板块，彭智勇校长和郭金保老师则负责手绘插画设计的统筹和推进工作。

在编写过程中，颜海波副校长担任丛书第三册组长，柯洁、张智豪老师担任副组长，共同肩负课程内容研讨与书稿审读的重任，张清龙老师后期还兼任了一段时间的组长，负责该册书最后出版准备工作的对接。各课的编写分工如下：刘仕容老师《春色满园》、张清龙老师《秋的味道》、柯洁老师《山岭"雕刻"》、刘雪倩老师《志愿同行》、闫琪老师《纸的智慧》、明子文老师与宋晓娜老师《移花接木》、林奕萱老师《真像真相》、邱绘霖老师《墨香致远》。谢鹏、刘笑彤老师则负责整册书的手绘插画，为手册增添了形象、生动的韵味。

"美育实践丛书"不仅是民治中学教育集团美育实践课题研究的丰硕成果，更是我们对美育深刻理解和创新实践的生动展现。我们期待这套丛书能够为学生提供丰富多彩的美育体验，激发他们的创造力和审美能力，引领他们在美的海洋中遨游，发现自我，启迪智慧，滋养身心。

　　在"美育实践丛书"即将与广大师生见面之际，我们满怀感激之情。回首将近3年的研究和编写工作，我们收获了太多的感动。感动于我们这个团队在美育课程体系建设和课程开发研究道路上的执着追求和不断探索；感动于和我们并肩前行、可亲可敬的两位专家对整个项目的策划和丛书撰写提供反复、深入的指导；感动于暨南大学出版社阳翼社长和周玉宏、武艳飞主任，以及编辑老师们在书稿编辑过程中给予的耐心、细致的帮助。因编写需要，丛书大部分图片由视觉中国授权使用，其他图片由潘洁玉、武艳飞、刘蓓等提供。书中个别未联系到的图片作者请与出版社联系，以便支付薄酬，在此一并表示感谢。

　　我们坚信，美育不仅能够提升学生的审美情感和创造力，更是培养学生全面发展的重要途径。未来，我们将一如既往、继续努力，为教育界的同行提供更多有价值的经验和启示，共同推动新时代美育事业的发展。我们也清醒地认识到，由于我们的研究水平和实践能力有限，本套丛书还存在不足之处，有待进一步完善。因此，我们真诚地希望全国各地的教育工作者和读者在实际应用这套丛书的过程中，能够及时向我们反馈使用体验，提供宝贵的意见和建议，以便我们不断改进和完善，更好地服务于新时代学校美育实践的需要。

深圳市龙华区民治中学教育集团

2024 年 8 月

79